毎日、一輪。

小野木彩香

はじめて花・葉・枝を生ける人のための手引帖。

元気が
なくなって
しまっても…

はじめに

本書は、四季を通して、毎日一輪飾りを楽しむための本です。

お花好きの人でも、たくさんの立派な花々を絶やさず飾るのはなかなか大変。
そのような人は、まず「一輪」からはじめてみませんか。
一週間に一度、お花屋さんに立ち寄り、好きな花を一本買ってくる、お気に入りの花瓶に挿し、よく目にとまるところに飾る———。
それだけできっと暮らしが豊かなものになるはずです。

ちなみに、1ページ目、扉の一輪飾りは「ガーベラ」。お花屋さんでもよく見かけるなじみ深い花ですが、小さな花びらが重なり合った愛らしい姿は、私たちをなごませてくれます。

ところが、せっかく買ってきたガーベラも数日間目を離してしまうと、P.2の写真のようにうなだれて元気を失ってしまいます。

でも、大丈夫。ちょっと心が痛みますが、茎を半分切って、きれいな水に入れ替えてください。P.3の写真のようにみるみる元気な姿を取り戻し、再び私たちの目を楽しませてくれます。

一輪飾りは、このように植物をより長く、より美しく保つための知識を得るためのかっこうの入り口にもなることでしょう。

この本は、私自身が四季を通して自邸に一輪を飾り、感じたことの記録でもあります。

これをきっかけに、みなさんも好きな花と出会い、飾り、暮らしの一部として「毎日一輪」を楽しんでいただけたらこのうえない幸せです。

北中植物商店　小野木彩香

毎日、一輪。

はじめて花・葉・枝を生ける人のための手引帖。

Contents

第2章　美しく飾る、12のデザインメソッド。

［参考文献］

『改訂版 育てる調べる山野草 2525 種』（栃の葉書房）

『飾る・贈る・楽しむ 花屋さんの花事典 』（ナツメ社）

『花屋さんで人気の 469 種 決定版 花図鑑 』（西東社）

Art Director & Book Designer	編集協力
大杉晋也　Shinya Ohsugi	高橋顕子　Akiko Takahashi
鈴木美絵　Mie Suzuki	
Photographer	印刷
高橋郁子　Ikuko Takahashi	図書印刷株式会社

第1章

四季の
毎日、一輪飾り。

花との暮らしを気軽に楽しむ提案。
まずは一輪を手に取ってみましょう。
それをお気に入りの花瓶に入れる。
ただそれだけのことですが、
花が目にとまるたびに
心が躍ります。

毎日、季節の花を愛でる

本章では、月ごとに4種類の花を紹介しています。1週間に一種、新しい花を迎えられれば、365日、途切れることなく花との暮らしが楽しめます。

写真集を眺めるように、季節の花と花器とのコラボレーションを楽しんでいただければと思います。

一輪をできるだけ美しいまま、長く楽しんでもらうために、生ける際の注意点やお手入れのコツも紹介しています。

本章の読み方

花の名称
学術的な正式名称ではなく、花屋などで流通している名称。

漢字表記
花の咲く姿や成り立ちなどの参考までに、日本での呼び名や名称を和名、あるいは漢名で表記。

英名
英語圏での名称。日本固有の花など、英名がない場合はローマ字で記載。

花の特徴
その花をより楽しむための知識やエピソード、花器との相性などを解説。

アネモネ

[牡丹一華 | *Anemone*]

春風が吹く頃に咲くことから、ギリシャ語で「風」という意味を持つアネモネ。冬の間、土の中で栄養と水分を蓄えた春の花は、見た目は可憐でも丈夫な花が多いですが、アネモネもその一つ。花びらに見える部分はガクで、気温や光に反応して開閉。茎の向きを変えたり、伸びたりしてさまざまな表情を見せてくれます。吹きガラスの花器は、カンナガラス工房の村松学さんの作品。光の反射、床に映る影も美しいです。

ガクが開ききっておらず、花の向きや葉のつき方が好みのものを選ぶ。

茎が気温に反応して向きを変えるので、水換えのたびに生け直す。葉は時間が経ち、黄色くなったら切り取る。

温度で変化する茎の動きにとらわれすぎず、変わる姿も楽しみながら自由に生けるとよい。花器は花の大きさに合わせて選ぶ。

14

花器
第3章で紹介する5種類の花器の中から、その花を生けるときにおすすめのものを表記。

日持ち
新鮮な一輪を生けてから花や実、葉などを楽しめるおおよその日数の目安。気候や取り扱い方によって差が出る。

水の量
その花に適した水の量。「多い」「中くらい」「少ない」の3段階で表記。

よい花の選び方
花屋で選ぶとき、あるいは庭などで摘むときのポイント。

手入れの方法
より長く、美しく楽しむための手入れの方法。

飾り方
花器と花とのバランスや生け方のポイント。

アネモネ

[牡丹一華 | *Anemone*]

春風が吹く頃に咲くことから、ギリシャ語で「風」という意味を持つアネモネ。冬の間、土の中で栄養と水分を蓄えた春の花は、見た目は可憐でも丈夫な花が多いですが、アネモネもその一つ。花びらに見える部分はガクで、気温や光に反応して開閉。茎も向きを変えたり、伸びたりしてさまざまな表情を見せてくれます。吹きガラスの花器は、カンナカガラス工房の村松学さんの作品。光の反射、床に映る影も美しいです。

 ガクが開ききっておらず、花の向きや葉のつき方が好みのものを選ぶ。

 茎が気温に反応して向きを変えるので、水換えのたびに生け直す。葉は時間が経ち、黄色くなったら切り取る。

 温度で変化する茎の動きにとらわれすぎず、変わる姿も楽しみながら自由に生けるとよい。花器は花の大きさに合わせて選ぶ。

グリーンベル

［ 風鈴花 ｜ *Bladder campion* ］

爽やかなグリーンと白のコントラストが美しく、何よりかわいらしい見た目に心惹かれます。ぷっくりとした風船部分（ガク）にうっすら入っている模様は、どこか妖艶。ナデシコ科なので、茎や葉はカーネーションに似ています。華奢な茎は動きがあり、アレンジのアクセントにもなります。花器は岐阜県の木曽石を使用した北中植物商店オリジナルのもの。野草を生けると景色を切り取ったような空間が演出できます。

茎がしっかりしていてある程度太さがあるもの、ガクがつぶれておらず張りがあるものを選ぶ。

花が先に枯れたらハサミで切り取り、ガクは残す。二股に分かれている部分に咲いている花が最初に枯れる。

複数の花がついていて、さまざまな方向を向いているので、一番きれいに咲いている花が目立つように生ける。

スイートピー

[麝香連理草 | *Sweet pea*]

どこか懐かしさを感じる、甘い香りの花が咲きます。花色の種類が多く、最近では染料を吸わせて染めたものもあります。写真の花は、白地に紫色がまだらに入った、品があって大人っぽい雰囲気の色合いです。ハート型のガラスの花器を合わせることでかわいらしさをプラスしました。花言葉は「門出」。これから新しい生活を始める人へのプレゼントにぴったりな花です。

 蒸れやすい花なので、花びらのフリルに張りがあり、花のつき方が好みのものを選ぶ。

 切り口に近い花からしおれるので、切り取る。

 まっすぐに生けるより、少しだけ傾かせると茎の曲線や花のフリルが美しく見える。花器の口の広さに少しだけゆとりがあるものを選ぶとよい。

ヒヤシンス

[錦百合 | *Hyacinth*]

両手で包み込みたくなるような甘い香りの花は、水分をたっぷり含んでいて重みがあります。生長が早く、気がついたら開花していて、花の重みに耐えられず伸びた茎が折れてしまうことも。球根からの栄養が行き渡っているので、よく見てさえいれば、切り花でも長く飾れます。ユニークな形がお気に入りのドイツ製の花器の青い模様が、ヒヤシンスの色と合います。

つぼみがキュッと詰まっていて、色づいていないものを選ぶ。

茎を切り過ぎると、茎と葉がバラバラになってしまうので、切り戻し（P.71）は削る程度に。茎が伸びて柔らかくなったら短く切り、茎と葉をバラして飾る。水は少なめにして、清潔に保つ。

花の重さを支えられる高さの花器に合わせる。シリンダーの中にすっぽり入れて、花と茎をガラス越しに愛でるのもよい。

チューリップ

[鬱金香 | *Tulip*]

日に日に茎が伸びて、思わぬ方向に向きを変えます。暖かい時間に花が開き、寒くなると閉じる——とても自由で、予測がつかないのがチューリップのおもしろいところです。つぼみから開花までの色の変化と、茎のしなやかなラインは、見るたびにうっとりします。花器はお気に入りのシャンパングラス。花の繊細さを引き立たせてくれます。原種のチューリップを球根つきで生けるのもおすすめです。

つぼみの状態で出回るので、花びらが閉じているものを選ぶ。つぼみのときは色が薄く、咲くと濃くなる種類も多いので、色の好みがある場合は注意する。

日に日に茎が伸びて向きを変えるので、茎が長くなりすぎたら切る。葉が垂れ下がる場合は切り取るとよい。

茎が垂れ下がるような方向に伸びるため、高台がついている花器など高さがあるものがよい。横に伸びる場合は、花器底の幅の倍の長さまでに収めると美しく見える。

ムスカリ

[葡萄風信子 | *Grape hyacinth*]

この季節は球根つきの花がたくさん出回ります。球根つきというだけでかわいらしさが増し、根が伸びる様子が見られるので「育てている」感を味わえるのも魅力です。球根つきのムスカリは、1月から3月くらいまで出回ります。一つの球根から複数の花が咲くものもあります。花器はデザート用のグラス。ワイングラスやシャンパングラスなど、高台があるガラスの器と相性がよいでしょう。

日に日に茎が伸びて下のほうから開花するので、茎が伸び切っていないもの、花芽が密集していて詰まっているものを選ぶ。

球根が水に浸かると腐るので、水は根の部分だけ浸かる程度に。花が複数ついている場合、しおれた花は茎の根元から切るとほかの花が育つ。すべての花が終わり、球根を土に植えると翌年また咲く。

球根と根を見せて飾りたいのでガラスの花器が必須。根の部分だけ水が浸かればよいので、プレートに薄く水を張って飾るのもおすすめ。アンティークのプレートとも相性がよい。

クリスマスローズ

[寒芍薬 | *Christmas rose*]

春、パステルカラーの花が並ぶ中、うつむきながら咲く姿が奥ゆかしい、くすみ色のクリスマスローズは目を引きます。ほかの春の花と合わせると互いに引き立てあいます。冬の始まり頃に出回る切り花は弱くてしおれやすいのですが、2月頃に出回る切り花は丈夫で長持ちします。どんな花も美しく見せてくれるシンプルな鎬の花器は、小川綾さんの作品。

しおれやすい花なので、茎が硬く、生き生きとしているものを選ぶ。中心部分の雄しべが取れて、種になっているものは日持ちしやすい。

元気がないときは、湯揚げ（P.98 〜 99）をする。毎日切り戻し（P.71）をして、水を清潔に保つ。

1本に花が複数ついているものは多方向に向いているので、一番きれいに見せたい花を正面にして生ける。また、プレート型の花器に水を張り、花だけ浮かべると長く楽しめる。

レースフラワー

[毒芹擬 | *Bishop's weed*]

大きい花に見えますが、よく見ると美しい小花が集まって咲いています。花色は白やグリーンが一般的ですが、写真の花は珍しい茶系。〈ダウカスボルドー〉という品種です。クリスマスローズ（P.26）と同様、春のパステルカラーの花と相性がよいので、アレンジに混ぜるのもおすすめです。ドイツ製の落ち着いたピンク色の花器は、クラシカルな花色にぴったり。柔らかい雰囲気にまとまっています。

小花が散っておらず、花の大きさが好みのものを選ぶ。

元気がないときは、湯揚げ（P.98〜99）をする。茎は斜めにカットして切り口の断面をなるべく広くする。

自然の姿に近づけるように、まっすぐに生ける。口が小さくて安定している花器が合うので、おしゃれなワインボトルもおすすめ。

2月は球根のアレンジ。シラーの
球根をメインに、アスター、ビオ
ラ、ゼンマイ、クロモジの枝を合わ
せ、苔、落ち葉をあしらいました。
春の芽吹きを感じさせる景色に。

球根つきの一輪飾りは並べてもかわいい。左から、アイリス、シラー、フリチラリア、ムスカリ、チューリップ。小さなグラスに一つひとつ生けて並べました。

ビオラ

[三色菫 | *Viola*]

水彩画のような花色が目を引くビオラは色が豊富。どれも複雑な色合いで選ぶ楽しみがあります。切り花用に栽培されているものは茎が長く、水に挿していると日に日に伸び、「どこに隠れていたの?」というくらい次々に花を咲かせます。押し花にすると色がきれいに残り、時間が経過した朽ちた色合いもまた美しいです。花器はアンティークのインク瓶。かわいらしいビオラが秘めているビターな雰囲気を引き出してくれます。

 花が咲き終わると花びらが内側に閉じるので、しっかり開いているもの、茎が丈夫そうで花びらに傷がついていないものを選ぶ。

 咲き終わった花は、次に咲く花に栄養がいくように茎部分から切り取る。黄色くなった葉もこまめに切り取るとよい。

 花が複数ついていて方向が定まらない場合は、一番きれいな花を正面にして生ける。ガラスの花器を用いるとビオラのかわいさが引き立ちます。

ミモザ

[銀葉アカシア | *Cootamundra wattle*]

1月中旬頃から出回り始め、3月8日の「ミモザの日」には街中でもたくさんのミモザが見られます。まだ寒い季節にふわふわの黄色の花を見ると、心が元気になり、暖かい春はすぐそこまで来ているのだと感じます。リースにしたりスワッグにしたり、春の花飾りには欠かせません。つぼみは咲かせるのが難しいので、ふわふわとした花をつけているものを選んでください。花器は、陶芸作家の安藤由香さんの作品。

つぼみは咲かせるのが難しく、花はすぐに乾いて小さくなるので、ふわふわとした花がついていて、好みの枝ぶりや花つきのものを選ぶ。

切り口は叩いて繊維を崩すか、十字に切り込みを入れると水を吸い上げやすい。つぼみを咲かせたいときは、深水（P.41）をしながらビニール袋で全体を覆い、暖かい部屋に1日置く。

大きめの花器に生ける場合は、器の縁に引っ掛けるように生けるとバランスがよく見える。花器で印象が変わるので個性的な花器に飾るのもおすすめ。

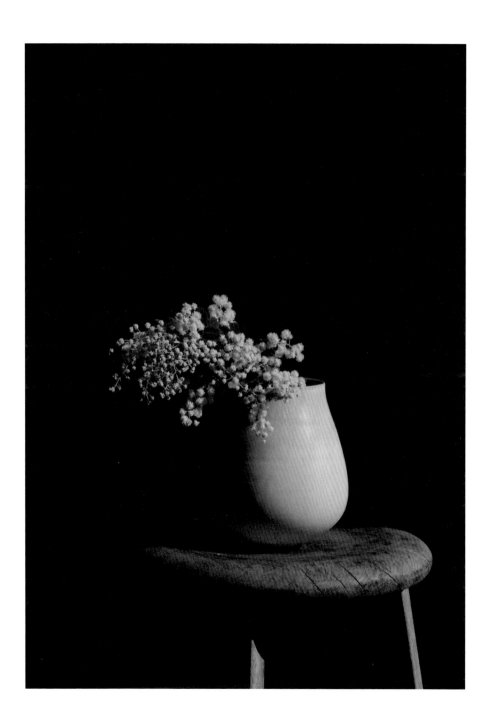

バイモユリ

［ 貝母百合 ｜ *Fritillaria* ］

くるくるとした葉先がかわいらしい、薬用植物として中国から入ってきた球根花で、花の内側に網目模様があります。名前の由来は球根が二枚貝のように重なっていることから。動きがある素朴な野草が好きなので、バイモユリは毎年楽しみにしている花の一つ。ただ出回る時期が短いので、見つけたときには迷わず手に取っていただきたいです。陶芸作家の小川綾さんによる青の小さな花器を合わせました。

つぼみがついていて、葉先まで生き生きとしているものを選ぶ。

水を吸い上げやすいので、毎日切り戻し（P.71）をして水を清潔に保つ。切り口に近い花からしおれていくので、枝分かれしている部分から茎ごと切り落とす。

茎の曲線を生かして生ける。まっすぐ生けると葉のカールや花の繊細な雰囲気が引き立つ。

ギリア

[玉咲姫花忍 | *Globe gillia*]

すごく特徴がある花ではないのですが、なぜか見つけるたびに仕入れてしまうのがギリア。筆者自身が青い花、丸いものに心が惹かれてしまうからでしょうか。一輪でももちろんかわいいのですが、ほかの花を引き立ててくれるので、アレンジをつくるときに頼りになる花です。普段は脇役になりがちですが、一輪飾りなら主役に仕立てあげられます。シンプルに、アンティークの薬瓶に合わせました。

小花が集まって咲いているので、開花するとふわふわとした見た目になる。小花が開ききっておらず、詰まっているものを選ぶ。

切り戻し（P.71）をして、花瓶の水を清潔に保つ。しおれてしまったら湯揚げ（P.98〜99）が効果的。枯れた花をこまめに切り取ると、つぼみに栄養がいく。

シンプルな花との対比で、色のある陶器に合わせるのもおすすめ。長い茎の曲線を生かして生ける。切り戻しを繰り返して短くなったら、茎を見せずに花を強調するとかわいらしい印象になる。

花を生ける準備

お気に入りの一輪を手に入れたら
美しく生けるための準備をしましょう。
器を選び、茎をカットするだけですが、その手仕事すらも
楽しいのが一輪飾りのいいところです。

01　器を用意する

花器選びは、一輪飾りの楽しみの一つ。茎を長くしたままスラっとした花器に生けるか、短くして小さな花器に生けるか、じっくり考えます。必ずしも専用の花器である必要はありません。皿やグラスを用いるのもよいでしょう。器が決まったら、きれいに洗っておきます。

02　茎を切る

花器に合わせて茎をカットします。切り口を斜めにカットすると、表面積が広くなり、水を吸いやすくなります。

03 葉を取る

生けたときに水に浸かる葉は、雑菌繁殖の原因になるのですべて取り除きます。

04 生ける

花器に水を入れて、一輪を生けます。

花に元気がないときは深水がおすすめ

持って帰ってきた花がしおれていたら、「深水」がおすすめ。茎を2cmほどカットしてから、新聞紙ですっぽりとくるみ、全体の半分以上が水に浸かるようにして2時間ほど置いておくと、シャキッと元気になります。

ナズナ

［ 薺 ｜ *Shepherd's purse* ］

誰もが知っている野の花。ハート型の葉のように見える部分は種子（実）です。春の日差しのなか、散歩道に自生するナズナが白い小花をたずさえて、ゆらゆら揺れる姿は可憐です。合わせたブルーの花器は、フィンランドのデザイナー、カイ・フランクによるもの。ナズナの柔らかな雰囲気とスタイリッシュなデザインの対比が、両者を引き立て合います。

葉が黄色くなっておらず、花がつぼみで緑のものを選ぶ。咲きはじめの3月頃に野に咲くナズナより、4月のナズナのほうが水を吸い上げやすく、長く楽しめる。

葉が黄色になったら切る。小花が落ちて水に浮きやすいので、花瓶に付着した花もしっかり洗う。摘んだものはしおれやすいので、すぐに湯揚げ（P.98〜99）をする。

短く切って生けるとかわいらしい雰囲気に、長めに切って生けるとスタイリッシュな印象になる。茎が細いので、器の口が小さいものを選び、少し傾かせることで奥ゆかしさを演出したい。

アリウム

[花葱 | *Allium*]

長い茎の先から細い枝が放射線状に広がり、その先に小さな花をつける不思議な形のアリウム〈シュベルティ〉です。アリウムは種類が豊富ですが、シュベルティは一見大ぶりで、豪快なフォルムと、繊細で愛らしい小花が特徴。和名からもわかるように茎を切るとネギの香りがします。花持ちがよく、しおれにくいので、初心者にもおすすめです。小鹿田焼のピッチャーが、大きく広がる花茎を優しく受け止めています。

 花が多く、枝が密集していて切り口がしっかりしているものを選ぶ。

 水が多いと茎が溶け、水が濁りやすくなる。水換えのたびに、花瓶を洗剤で洗い、茎も水で洗い流すとよい。咲き終わった小花はほうっておかず、茎の部分から切り取ると持ちがよくなる。

 茎がまっすぐで太いため、ガラスの花器に生けると力強い印象に、陶器に生けると柔らかい印象になる。口が広めの器の縁にもたれかけるようにすると窮屈さがなく、広がりを感じられる。

ウコンザクラ

[鬱金桜 | *Ukonn-zakura*]

ソメイヨシノの花が散ったころに開花する、ふりふりとした花びらが特徴のサクラです。ほかのサクラとは違い、花と葉が一緒についていて、柔らかい緑色の新葉と、白い花びらの色のコントラストがなんともいえない美しさ。花の一つひとつ、色の混ざり方が微妙に違うのも魅力的です。お花見での酒盛りにちなんで、備前焼の徳利を花器に用いました。

花が開いてから散るまでが早いので、なるべくつぼみが多いものを選ぶ。また、枝ぶりがまっすぐだったり、横に広がっていたりさまざまなので、好みのものを選ぶ。

切り口に十字の切り込みを入れ、樹皮を10cmほど削ると水を吸い上げやすい。枝が太くて切り込みを入れるのが難しい場合は、樹皮を削るのみでよい。

安定感があり、水がたっぷり入る花器に生ける。正面から見て、花がきれいに見える位置を定め、少し遠くから見てみる。枝のラインが重なって見えるようなら、剪定して整える。

ミヤコワスレ

[都忘れ | *Gymnaster*]

幼い頃に描いた花のような、なじみ深さを感じる花。素朴な見た目によらず、根を張る野草の力強さがあり、目にするたびに心が動かされます。ミヤコワスレは園芸品種で、原種は山野に自生するミヤマヨメナ。古くから親しまれ、『万葉集』でも詠まれています。花好きに人気が高く、「母が好きでよく飾っていた」など想い出話を耳にすることもしばしば。ここでは、ドイツ製の花器に生けましたが、民芸の器などにも合います。

一本の枝に複数の花がついているスプレー咲きなので、花数が多いものが好ましい。また、花びらが縮れていたり、欠けていたりしないものを選ぶとよい。

花が次々に開くので、しおれたら枝分かれしている部分から茎ごと切り落とすと、つぼみが開きやすくなる。湯揚げ（P.98 〜 99）をするとより長持ちする。

まっすぐに生育する花なので、立てるように生けると自然の姿に近くなる。少し傾けて生けることで花の顔がよく見える。

ナズナ（P.42）以外にも、4月は野の花が美しい季節。キュウリグサ、スミレ、ハハコグサ
をお皿に並べました。野の花ならではの華奢な茎や葉、花びらをじっくり眺められます。

庭で摘んだナノハナ、ナ
ズナ、ヒメオドリコソウ、
キュウリグサ、ヘラオオ
バコをキッチンのグラス
に生けて、室内にも春を
呼び込みました。

スズラン

[鈴蘭 | *Lily of the valley*]

〝幸運を運ぶ花〟として広く愛されています。フランスでは（近年は日本でも）5月1日は「スズランの日」とされ、大切な人にスズランを贈る習慣があります。花屋では根つきのスズランが冬から出回ります。花は可憐ですが、根つきは野生味があります。ここではアンティークの小さなワイングラスに生けましたが、平たい皿に寝かせるように生け、あえて根の存在感を際立たせるのもおすすめです。

花の数にバラつきがあるので好みで選ぶ。葉が花に比べて大きいため、葉と花の見え方やバランスを踏まえて選ぶとよい。

切り口に近い花からしおれて茶色になるので、切り取る。毒があるため、子どもやペットが触れたり口に入れたりしないように気をつける。

小さな花がよく見えるように、葉の位置を整えて生ける。水は少なめでよいので、お皿に薄く水を張り、寝かせるように生けるのもおすすめ。

シャクヤク

[芍薬 | *Peony*]

初夏の訪れを知らせる花。小さなつぼみからは想像できない
くらいふわっと大きく開花し、一輪で空間を華やかに彩りま
す。つぼみから開花までは時間がかかりますが、散るまでは
あっという間。日々の生長だけでなく、散るまでの儚さもま
た風情があります。満開のシャクヤクに顔をうずめて深呼吸
すると、思わず顔がほころんでしまいます。

 早出は咲かないこともあるので、5月中旬から6
月中旬に出回る旬のものを選ぶ。少しつぼみがふ
くらんでいるものを選ぶと咲く確率が高い。

 つぼみに蜜がついている場合は、拭き取る。つぼみ
に変化がない日が続いても、毎日茎を切って水を
吸いやすくしてあげると、徐々に花が開いていく。

 口が広めの器の縁にもたれかけるように生けると、
花がきれいに見える。満開を過ぎると、ボタッと
音を立てて花びらが落ちるので、その花びらを水
に浮かべて飾るなどの楽しみ方もある。

クレマチス

[鉄線 ｜ *Clematis*]

鮮やかな黄緑色の葉と、華奢でしなやかな茎のラインが美しい花。一重咲き、八重咲き、ベル咲きとさまざまな種類がありますが、ここでは下を向いて奥ゆかしく咲くベル咲きを選びました。ピンクと紫がよく出回っていますが、ピンクはかわいらしく、紫は高貴と、同じ花でも色によって違った印象に見えるのも魅力。花が散ると種が現れ、そのうちふわふわとした綿毛に包まれます。

花が開ききっておらず、張りがあるもので、茎のラインが好みのものを選ぶ。

切り口を叩いて繊維をつぶすと、水を吸い上げやすくなる。花びらがすっかり落ちてからも生けておくと、中心から種が現れる。水から引き上げ、ドライにすると種が綿毛に包まれる。

つる植物特有の茎のラインの美しさを生かして、ガラスの器に生けるのがおすすめ。ベル咲きは下を向いて咲くので、飾る場所は目線より少し高めにするとよい。

アザミ

[野薊 | *Plumed thistle*]

ノアザミの栽培品種〈テラオカアザミ〉です。５月に出回る植物の多くは花も葉も色が淡いので、その中でひときわ目立つビビッドなピンクはつい手に取ってしまいます。アザミは葉先に鋭いトゲがあり、葉をつけたまま生けるとワイルドな印象になります。花色をきれいに見せたい場合は、葉を丁寧に取るとよいでしょう。暮らしに優しくなじむようにここでは葉を少し残し、アンティークの小さなインクボトルに生けました。

花の色が濃く、開ききっていないものを選ぶ。

葉は傷みやすく、鋭いトゲがあるので取り除く。水を吸い上げやすく、満開になってからも長く楽しめる。

茎が太く、野生味があるものは、陶器の花器と合わせると、上品な印象になる。

ホタルブクロ

[螢袋 │ *Spotted bellflower*]

昔、子どもが蛍を花の中に入れて遊んだことから、その名がつけられたとか。日陰でも毎年花が咲き、梅雨の雨や泥に負けずに、群れで咲く姿は美しいものです。近所ではホタルが見られるのですが、ホタルブクロが咲いているのを見つけると、そろそろ蛍の季節だ、とうれしくなります。庭などに咲いているものを生けるときには、自生している姿に近い生け方をしたり、装飾を加えて飾ったりするのもよいでしょう。

花びらが薄いため傷がつきやすく、フリルがあることもあり花の部分がちぎれやすい。傷やちぎれがないか、よく見て選ぶ。

長く楽しめるが、湯揚げ（P.98〜99）をするとより持ちがよくなる。水換えと切り戻し（P.71）を欠かさなければ、つぼみもきれいに開く。

花瓶の縁から花を離し、茎のラインを見せるように生けると本来の自然に咲く姿が表現できる。花器の中央に立てて生けるより、左右どちらかに傾けたほうがバランスがよい。

アジサイ

[紫陽花 │ *Hydrangea*]

じめじめした季節も、アジサイがあると快い気持ちになります。みずみずしいフレッシュな状態から、ドライフラワーになるまで、長い期間、暮らしを彩ってくれます。枯れ色のアジサイを飾りたいときは、花屋で〈秋色紫陽花〉や〈アンティーク紫陽花〉を選んでください。庭のアジサイをドライフラワーにするときは、梅雨が開けて少し日射しが強くなる時期に切ったものを使いましょう。

ガク（花に見える部分）に張りがあり、しおれていないものを選ぶ。形や大きさもさまざまで、栽培時の陽の当たり方で色のグラデーションも違うので、用途にあったものを選ぶ。

切り口は縦に割いて、中の白いワタを取ると花持ちがよくなる。水を交換するときに、花全体に霧吹きをすると、なお持ちがよくなる。

花が大きいのでまっすぐに飾ると花器に花がのっているように見えてしまう。雨の重みを感じているように、左右どちらかに少し傾けて生ける。

ヒマワリ

[向日葵 | *Sunflower*]

夏を代表するヒマワリは、実に種類が豊富。写真の〈東北八重〉は、一般的なヒマワリと違った表情を見せ、直径は 10cm ほど、小さな花びらが集まった八重咲きが特徴的です。ほかにも、〈モネ〉〈ゴッホ〉などの画家名や、〈レモン〉〈マンゴー〉などフルーツ名を冠した品種もあります。それらの名前のエピソードを添えて一輪をプレゼントするのもおすすめです。

 花が上を向いているもの、真横を向いているもの、少し下向きのものなど個体差があるので、飾る場所や用途で選ぶ。

 茎が長いのが特徴だが、そのまま飾っていると花まで水が行き渡らずしおれてしまいがち。思い切って茎を短く切ると、長く楽しめる。

 花が大きくインパクトがあるので、花の中心部分を左右どちらかにずらして飾ると空間になじむ。茎が長く、花が重いので安定した花器に生ける。

ユリ

[百合 | *Lily*]

一般に花が大きく、香りが芳醇で高貴なイメージがあるユリですが、写真の〈タケシマユリ〉は可憐で、下向きに咲くのが特徴。斑点模様が愛らしく、生けやすいサイズ感で、花器によって和と洋どちらの雰囲気にも寄せられます。スウェーデンのガラス作家、バーティル・ヴァリーンの花器は、ウイスキー瓶のようなユニークな形状。小ぶりなのに安定感があります。

つぼみがあり、花びらが欠けていたり、傷がついたりしていないものを選ぶ。花粉は購入時に除いてもらってもよい。

花粉は衣類などにつくと落ちにくいので、花が開いたら早めに取り除く。切り口に近い花からしおれるので、切り取る。

茎の曲線の美しさを生かして飾るとよい。

6月は枯れ色のアジサイをアレンジ。ルリタマアザミやスモークツリーと合わせてトルココーヒー専用の小鍋に生けました。くすんだ真鍮の色がアジサイの枯れ色によく合います。

アジサイやルリタマアザ
ミ、スモークツリー、ユー
カリの実などをあしらっ
たリース。アジサイはドラ
イになっても楽しめます。

日々のお手入れ

毎日、ほんのひと手間を加えるだけで、
一輪の生命力はぐんとアップします。
しおれていたり、枯れていたりするように見えても、
生き生きとよみがえらせることができます。

水を清潔に保つ

水は毎日換えるのが基本。冬場は2
日に1回でよいでしょう。花器は食
器用洗剤をつけたスポンジでやさし
く洗います。茎にぬめりがある場合
は水で洗い流し、変色している場合
はカットします。

栄養剤を入れる

花を生けるタイミングで、市販の切
り花栄養剤（延命剤）を入れます。栄
養剤には、バクテリアの繁殖を抑え、
切り花に必要な栄養を補給する作用
があり、花を長持ちさせます。花を
買ったときにサービスでもらえるも
のでかまいません。

茎を2cmほどカットする

切り花は、茎の切り口から吸水します
すが、時間が経つと細菌や空気が
入って、水を吸い上げにくくなりま
す。毎日の水換えのタイミングで、
切り口が斜めになるように茎を2cm
ほど切ると、吸水力が上がります。
これを「切り戻し」といいます。

古くなった花びらや葉を摘む

花びらの一部や、葉の色が変わって
枯れていたら、その部分だけを切る、
あるいは摘み取ります。少しでも枯
れていたりしおれていたりする部分
があると、全体的に古びた印象にな
ります。また、いらない部分を取り
除くことで、元気な花びらや葉に存
分に栄養を行き渡らせることができ
ます。

小さな器に生け替える

切り戻しを繰り返して短くなった花
は、小さな花器に生け替えることで、
また違った印象になります。

アガパンサス

[紫君子蘭 | *African lily*]

夏の暑さが和らぐような優しいブルーの花が次々と開花します。放射状についている花の一つひとつをよく見るとわかりますが、実はユリ科の植物です。茎がしっかりしているので、浅い花器に立てるように生け、茎のラインを見せるのがおすすめ。七夕のしつらいにも合うでしょう。花器は、書道用の水差し。本来は違う用途のものを花器に見立てるのも、一輪飾りの楽しさです。

7月　第1週目

 花数が多く、花が落ちていないもの、茎のラインにも注目して、生き生きとしているものを選ぶ。

 球根花で茎はしっかりしているが、しおれた花はこまめに切り取るなどして美しさを保つ。小さな花器に飾る際は、水がなくならないように注意する。

 茎のラインをまっすぐに見せると美しい。まっすぐ生けるには、茎を少し押し込むくらいの小さな口の花器を選ぶとよい。

セルリア

[− | *Serruria*]

セルリアの一種、ブライダルで人気の〈ブラッシングブライド〉は、「この花なんですか？」と聞かれることが多い花です。花びらのように見える苞(ほう)は、蝋紙のような質感で透き通っていて、じっくり眺めたくなる美しさ。南半球原産のワイルドフラワーで、野性味がありながらも清楚さが感じられる、まるで妖精のような姿です。ガラスの花器に生け、透明感を強調しました。

 茎がしっかりしていて、苞(ほう)が茶色になっていないものを選ぶ。花がつぶれていたり、開ききっていないものは避ける。

 切り口に十字の切り込みを入れると水を吸い上げやすい。乾燥しやすいので細かい粒子の霧吹きをしてあげるとよい。ドライフラワーにする場合は、開花したらすぐに乾燥させる。

 一本にたくさん花がついているスプレー咲きは、花の向きがランダムなので、最もきれいに見せたい花を正面にする。

シキンカラマツ

[紫錦唐松 | *Lavender mist meadow rue*]

花屋に出回る期間がとても短い山野草。繊細で長持ちさせるのが難しいのですが、風にそよそよとなびく美しい様が大好きな花です。同じキンポウゲ科カラマツソウ属でピンクの花をつける〈タイワンバイカカラマツ〉は、葉や花の形がよく似ています。花器に用いたのは大正時代に使われていたという水差し。シンプルな花には一風変わった形の器を合わせると存在感が増します。

葉も花もシャキッとしていて、よく水を吸っているもの。

水を吸い上げにくいので、茎を斜めにカットして切り口の断面をなるべく広くする。毎日の水換えの際に切り戻す（P.71）とよい。枝の先のほうの花がしおれてきたら、短く切り分けて生け替える。

自然の姿に近づけるように、まっすぐに生ける。枝ぶりに広がりがある場合は、底幅がある花器でバランスを取る。

エキナセア

[紫馬簾菊 | *Echinacea*]

ぷっくりと盛り上がっている花芯が特徴的。花芯の赤茶色とくすんだピンクの花びらのコントラストが絶妙で、かわいらしさだけではなく、強さも感じられます。花びらを切り落としてイガ栗のようにチクチクした感触の花芯だけ残した状態で吊るし、ドライフラワーにすることで長く楽しめます。真っ白なアンティークのインク瓶に生けると、はっきりとした花色が引き立ちます。

花びらが欠けていないもの、花芯が黒くなっていないものを選ぶ。花芯の大きさや形に個体差があるので、好みのものを選ぶ。

キク科の花でとても丈夫だが、毎日、水換えと切り戻し（P.71）をする。花びらはしおれてきたら切り取る。

茎がしっかりしていて目立つので、茎が隠れる陶器に生けると花の美しさが引き立つ。少しだけどちらかに傾けると強い印象が抑えられて奥ゆかしさが出る。

カラー

[阿蘭陀海芋 | *Calla*]

縦にスッと伸び、洗練された美しさを感じさせる花です。ブライダルフラワーとしても人気で、純白のカラーだけを束ねたブーケは新婦の清楚さを引き立たせてくれます。花びらに見える部分は苞で、中心の棒状の部分が花。シンプルがゆえにほかの植物を合わせたくなりますが、ぜひ一輪飾りで。写真のハート型の花器はフェミニンな印象ですが、丸みのない花器と合わせるとスタイリッシュに見えます。

 苞にシワがなく、張りがあり、茎が細すぎないものを選ぶ。

 気温が高い時期は茎が溶けて腐りやすいため、毎日の水換えと花瓶を清潔に保つことが大切。切り戻し（P.71）も忘れずに。

 茎をやさしく指でしごくと、柔らかなカーブを作ることができる。正面から見たときに、苞の中の花がほんのり見えるように飾ると美しい。

サンキライ

[山帰来 │ *Smilax rhizome*]

遊び心をくすぐられるつる性植物。つるは弾力性があって自在に曲げられ、水が少なくてもしおれにくいため扱いやすいです。吊っても、垂らしても、置いてもよし。ドライフラワーにしたり、クルッと一巻きでリースにしたりするのもおすすめです。写真では、大きなガラスの花器の中に巻き入れてオブジェのようにディスプレイ。フレッシュで青々とした葉と実を、自由な感性で楽しんでみたい実ものです。

 葉に傷が少なく、房にたっぷり実がつき密集していて、必要に応じた長さのものを選ぶ。

 フレッシュな葉と枯れた葉が混在していることが多いので、枯れた葉や傷が多い葉は取り除く。つるの切り口に少し水が浸かっていればよい。

 実のついたつる性植物は、ほかの一輪飾りとは趣きが異なるので、自由な発想で生けたり、飾ったりする。

ラン

[蘭 ｜ *Orchid*]

ランというと華やかで大きな花をイメージするかもしれませんが、小輪タイプの〈ミディファレノ〉は室内に飾るのにほどよいサイズ感です。筆者はよく目に入る位置に花を飾ることが多いのですが、ランはふと目にしたときにうっとりと引き込まれてしまう魅力があります。通年出回っているので、ハレの日の贈り物にもおすすめです。ドイツ製の花器の縁に引っ掛けるように生けました。

一本の茎にたくさん花がついているが、切り口に近い下の花からしおれるので、下の花に張りがあるものを選ぶ。茎の先につぼみがついていると長く楽しめる。

茎がしっかりしていて水を含みやすいので、毎日水を換える必要はなく、2〜3日に一回でよい。枯れた花は枝分かれしている部分から茎ごと切り落とす。

茎は短く、一つひとつの花は中輪なので、花器は口が広いものがよい。背の高い花器に生ける際は、花器の縁に茎をのせるようにする。茎が水に浸かっていれば花器の底についていなくてもよい。

アンスリウム

[大紅団扇 | *Flamingo lily*]

ユニークなフォルムが特徴的で、トロピカルなイメージがあるアンスリウム。通年出回っていますが、寒さに弱いため、夏に飾るのがおすすめです。真ん中の突起部分が花で、よく見ると小さな花がたくさん集まっています。その花を囲む部分が仏炎苞という苞になります。苞先が左右どちらかに傾いている場合が多いので、生ける際は傾きの方向に従うとよいでしょう。写真のような華奢なガラスの花器に合います。

枯れると中央部分の花が茶色になるので、艶やかで色がフレッシュなものを選ぶ。

茎がしっかりしていて水を含みやすいので、毎日水を換える必要はなく、2〜3日に一回でよい。苞は、ほこりがたまらないように、優しく拭いて掃除する。

苞の先が左を向いていたら、生ける際も少し左に、といった具合に苞の向きに傾けて生けると自然に見える。

8月は夏らしい青い実もののアレ
ンジ。サンキライ（P.82）を数本
束ねて吊るしただけですが、この
まま飾っておくとドライになり、
朽ちていく様子も楽しめます。

サンキライやヨウシュヤマゴボウなど、フレッシュで涼し気な実ものを、小さな一輪挿しに生けて集めました。

キク

[菊 | *Florists' daisy*]

9月9日は「菊の節句」。薬効のあるキクを食べたり、飾ったりして健康を願う日です。種類が豊富なキクの中でも特にクラシカルな雰囲気の〈フエゴダーク〉を生けました。供花のイメージが強いため、普段飾る花として手に取ることは少ないかもしれませんが、旬の一番美しいときの一輪飾りは趣があります。フィンランドのデザイナー、ウラ・プロコッペによるアラビアのジャムポットに生けてモダンな雰囲気に。

花の中心部分の花びらが開いていないものを選ぶ。葉を残して飾る場合は、葉がシャキッとしているものが好ましい。

茎はハサミで切るより、手で折ったほうが吸水しやすくなる。葉は花より先に枯れるので、枯れたら切り取る。

長い茎のまま販売されていることが多いので、花器に合わせて花がきれいに見える長さで切る。合わせる花器次第で、和洋いずれの風情でも楽しめる。

シュウメイギク

[秋明菊 | *Japanese anemone*]

夏の暑さが和らいだころ、花名に「秋」が含まれるシュウメ
イギクを見つけると、秋の訪れを感じて思わず手に取ってし
まいます。茶花として茶室のしつらいにも選ばれます。キク
ではなくアネモネと同じ種類で、よく見るとアネモネの咲き
方に似ています。葉の下の茎はしっかりしていますが、葉よ
り上の茎は、華奢でうねりがあって愛らしさがあります。花
色と合う益子焼の小さな花器に生けました。

 しっかり水分を含んでいるものは長持ちする。す
べてつぼみの場合は、咲く可能性の高いつぼみが
膨らんでいるものを選ぶ。

 しんなりとしおれてきたら、湯揚げ（P.98 〜 99）を
するとシャキッとする。咲き終わった花は、枝分
かれしている部分から茎ごと切り取る。

 葉が多い場合は、葉を取って全体の形を整える。
葉より上、下の茎が両方見えるように生けると、
その対比が際立って美しい。

ダリア

[天竺牡丹 | *Dahlia*]

秋の短い期間にしか出回らない〈ポンポンダリア〉という直径3cmほどの小さなダリア。20cmほどの茎の長さで販売されていることが多いので、最初は背の高い花器に生けます。花が開いてまん丸になると、華奢な茎が折れてしまうことも。そうなる前に、茎を思い切って短くし、小さな花瓶に生けなおしたり、お皿に浮かべてお月見のしつらいとして飾ったりしてもよいでしょう。

茎がしっかりしていて、花が開ききっていないものを選ぶ。外側の花びらからしおれるので、よく注意して見る。

茎が細い場合は、花が開いてくると重さで折れてしまうこともある。毎日切り戻し（P.71）して水換えをする。

口が小さい花器に数日飾ったら、思い切って茎を短くしてお皿に生けたり、最後は水に浮かせたりするなど、いろいろなバリエーションで楽しめる。

クリ

[栗 | *Chestnut*]

〈サレヤロマン〉という名の、愛媛県で生産されている観賞用の栗です。一本の枝にぎっしりと実がついていて、かわいらしいフォルム。8月の終わりころから出回り、9月中旬になると実が大きくなりはじめ、イガの割れ目からクリの実が少しのぞく姿もまた一興。夏の終わりから飾り、ドライにすることで秋の間も楽しめます。江戸時代に使われていたという、骨董のタヌキの徳利との相性もぴったり。

葉や実が青々としていて実が落ちておらず、枝ぶりや実のつき方が好みのものを選ぶ。

切り口に十字の切り込みを入れて割いておくと、水を吸い上げやすい。

形や柄が個性的な花器を合わせると、クリのフォルムの楽しさがより演出できる。ドライになったら、そのまま棚などに置いて飾るのもおすすめ。

野の花の下準備

庭などに自生する野の花を
花器に生けるのも楽しいものです。
摘んですぐにひと手間かけると
美しい野の花として空間を彩ってくれます。

01 新聞紙で巻く

茎をお湯に浸けて水揚げをよくする「湯揚げ」をするための準備です。まずは、新聞紙で一輪をしっかり巻きます。新聞紙のすき間から湯気が入ると葉や花が傷むので、根元はテープなどでしっかり留めることが大切。

02 茎を切る

茎を2cmほど切ります。切り口を斜めにカットすると、表面積が広くなり、水を吸いやすくなります。

03　沸騰した湯に入れる

茶碗に60〜80℃ほどの熱湯を入れ、茎を入れます。茎に入り込んでいた空気が抜けて、茎の切り口から泡が出てくるのを確認します。

04　新聞紙を巻いたまま　　たっぷりの水に浸ける

そのまま、深い水に2時間ほど浸けておきます。これを「深水」といいます。

野の花を摘むときの注意

◎ 原則として、土地の所有者や管理者の許可を得たところで摘むこと。

◎ 野の花は繊細なものが多いので、摘んだらすぐに湯揚げと深水をすると長持ちする。

バラ

[薔薇 | *Rose*]

〈ヴィンテージ〉という品種のバラです。落ち着いた色合い
ながらフリルのような花びらがエレガント。産地で開花させ
てから出荷されるため、すぐに散ってしまいそうに思います
が、実は日持ちがよいです。日本の花市場には世界中からた
くさんのバラが集まりますが、鮮度がよく、香り高い国産の
バラにも目を向けたいところ。花器は、ガラス工房 グラス
タイムの田井将博さんの作品。温かみのあるガラスがお気に
入りです。

 葉が青々としてきれいなもの、花びらに張りがあ
るもの、花びらの重なり部分が蒸れていないもの
を選ぶ。

 毎日の水換えの際に切り戻し（P.71）、花瓶を清潔
に保つ。もし、水を吸い上げていないようだったら、
思い切って茎を短く切り、深水（P.41）をする。古
くなった葉や花びらは取り除く。

 口が広めの花器に傾けるようにして生けると、バ
ラの顔がよく見えて華やかになる。水に浸かる葉
は必ず取り、2〜3枚残すとバランスよく見える。

10月 第1週目

フジバカマ

[藤袴 | *Thoroughwort*]

秋の七草の一つ。ほんのり甘い桜餅のような香りを漂わせながら、薄いふわふわとした淡い紫色の花を咲かせます。ボリュームがあるので、一輪でも十分に秋の雰囲気を堪能できます。枝分かれしている部分を切って小瓶に飾るのもおすすめ。花束やアレンジにも最適で、この時期は欠かさずアトリエに並べている花です。和の雰囲気に寄り過ぎないよう、花色と相性のよいドイツ製の花器に生けました。

濃い色のつぼみがたくさんついているものを選ぶ。葉が元気で茎が太いものが持ちがよい。

花がしおれてきたら、湯揚げをする（P.98〜99）と長持ちする。切り口は叩いて繊維を壊すと水をよく吸い上げる。

ボリュームがあるものは、枝分かれしている部分を切り取るとスッキリとした印象になる。ボリュームが少ない場合は、小ぶりな花器を使うとよい。

コスモス

[秋桜 ｜ *Cosmos*]

コスモスは彩りが豊富で、一般的な一重咲きから、花びらが
重なり合う八重咲きまで咲き方もさまざま。写真の〈チョコ
レートコスモス〉は色だけでなく、香りまでチョコレートの
よう。シックで洒落た雰囲気があり、この季節のプレゼント
としてもおすすめです。チョコレート色に合わせた黒い木製
の花器の内側にはガラスの試験管が入っています。木の風合
いが素朴で穏やかな印象を与えます。

真ん中の雌しべがふわふわと開ききっていないも
の、花びらが欠けていないもの、茎が太めで生き
生きとしているものを選ぶ。

しおれてきたら、湯揚げ（P.98 〜 99）、または切り
戻し（P.71）をして深水（P.41）をする。葉は弱い
ので、飾る際は下のほうの葉を切り落とすと、花
に栄養が行き渡り、長く楽しめる。

小さく素朴な花だが、色やフォルムにインパクト
がある独特の雰囲気なので、茎の流れの赴くまま
シンプルな花器に飾るとよい。

ノバラの実

[野茨の実 │ *Rose hip*]

春に花を咲かせたノバラは、夏に実がつき、秋になると熟して赤くなり、地に落ちた種から新しい生命が生まれます。アトリエ前の野川沿いにノバラが咲いていることもあり、身近で思い入れのある花です。トゲトゲしくほかの植物に絡まる姿はとても野生的。野に咲く花は素直で美しく、自然のエネルギーを感じます。陶芸作家の清水善行さんの器は、普段食卓で使っているもの。河原の石を添えました。

実がたっぷりついていて、水々しく張りがあるものを選ぶ。

実が取れてしまったら、枝分かれしている部分から茎ごと切り取り、見た目を整える。切り戻しをせず、数カ月、水に挿していると根が出て、葉も生えてくる場合がある。

小瓶に飾るほか、茎をしならせてお皿に飾るのもよい。この際、茎が水から浮かないように石などで押さえる。ドライフラワーにもなるので、秋冬の飾り物に重宝する。

10月は秋の実もののアレンジ。ヤマブドウとカズラをドイツ製の花器に生けました。
山で採れたアケビを添えて収穫の喜びを表現しています。

フジバカマ、ケイトウ、ワレモコ
ウなど、秋の花を束ねたブーケを
ガラスの花器に生けました。ノ
バラの実などの赤い実を入れる
と秋の雰囲気がぐんと増します。

ネリネ

[姫彼岸花 | *Diamond lily*]

ヒガンバナ科の花で、別名は「ダイヤモンドリリー」。花び
らをよく見ると、ダイヤが散りばめられたようにキラキラと
輝いています。白色のネリネはウエディング用の花として人
気で、赤のネリネはクリスマスにおすすめです。花器はベト
ナムの古陶で、スパイスなどを入れてヨーロッパへ輸出され
ていたものだそう。花器ではないものに花を生けると新たな
発見があります。

 つぼみが多く、花びらが折れていたり傷がついて
いたりしていないものを選ぶ。

 花の根元にある茶色のガクと、花の中央にある花粉
部分（ヤク）は取ったほうが美しく見える。ヤクは
花が開いたらすぐに手で摘むと、すんなり取れる。

 本来は真っ直ぐに上に向かって咲いているので、
垂直に立てて生けるのもおすすめ。写真のように
少し傾けて生けると、花の顔が見えやすくなる。

シンフォリカルポス

[雪晃木 | *Snowberry*]

白い実のシンフォリカルポスを目にすることが多いかもしれません。実の色は、白のほか赤、ピンクがあり、赤のみドライフラワーに向いています。ぷにぷにとした小さな実のかわいらしさと枝ぶりの野性味、両方を持ち合わせたシンフォリカルポスは、秋のディスプレイにぴったり。実がたっぷりとついて枝垂れていますが、安定感はあるので大ぶりのガラスの花器にもたせかけるように生けました。

実がシワシワではなく、張りと光沢があり、枝ぶりや実のつき方が好みのものを選ぶ。

葉はすぐに落ちるので、最初から取って飾ってもよい。時間が経ってシワシワになった実は取り除く。ドライにする場合は早めに水から引き上げて乾かす。

全体的に幅があるので花器は底幅があるものか、縦に長いボトル型が合う。実が重いので、倒れないようにバランスを見て生ける。

キビ

[黍 | *Millet*]

雑穀のキビが花屋に並んでいても、手に取ることは少ないかもしれません。でも、一見地味で脇役のような植物の魅力を引き出すのは楽しいものです。キビは、秋の実物と合わせたり、リースに加えたりするとシックな雰囲気になります。花器はドイツで生産されていたもの。ガラスやポップな色合いの花器より、重厚感のある渋めの花器と相性がよく、部屋のどのような場所でもなじみます。

ボリュームや色の濃さなどさまざまなので、用途にあったものを選ぶ。

葉はあまりきれいではないので、すべて取り除いて生けるとよい。乾くとタネが落ちるが、見た目は変化しない。

自然に近い形で斜めに生けると、空間にゆとりを感じられる一方で、シックな雰囲気にも。これ見よがしに飾るより、さりげなく置いておくとニュアンスが出る。

フランネルフラワー

[－ | *Flannel flower*]

一見花びらに見える部分は苞で、真ん中に小さな花が丸く集まっています。花名の由来は、花の質感が起毛生地のフランネルに似ていることから。個人的にはベルベットのほうが近い気がしますが、いずれにせよ質感が珍しい花です。秋によく見かけますが通年出回っており、花壇で育てて摘んだものを飾るのもおすすめ。ガラスの小瓶（アンティークのインク入れ）の緑と、葉、苞の先の色がなじんできれいです。

 花が何輪もついているものもあるので、花の数や茎の流れにも注目し、茎がしっかりしているものを選ぶ。

 元気がなくなったら湯揚げ（P.98〜99）をする。葉がたくさんついているため、適度に取ると花に水が行き渡りやすくなる。取った葉はホワイト＆グリーンで珍しいので押し花にするのもおすすめ。

 茎の長さに合わせて、写真のような小壺型や、定番のボトル型の花器に生ける。茎に動きがあるので曲線を生かすように飾るとよりナチュラルに見える。

116

ヤドリギ

[宿り木 | *Mistletoe*]

地に根を張らず、広葉樹や落葉樹の枝に寄生する植物ですが、宿主の栄養は吸収せず自ら光合成をしています。冬の山道などで、落葉した木の枝にくっつくまんまるいヤドリギを見ることができます。厚みのある葉は、黄色味がかったくすみ色でアンティーク風。透明で艶やかな実は神秘的でもあります。幸せを呼ぶ植物ともいわれているので、クリスマスの時期に飾るのもいいでしょう。彫刻が施されたガラス瓶に生けて愛らしい雰囲気に。

実がたくさんついており、枝ぶりや形が好みのものを選ぶ。茎が太いもののほうが持ちがよい。

水が濁りやすいため、毎日の水換えのたびに花器を洗剤で洗い、茎も水で洗い流すとよい。実はつぶれると粘り気のある液が出る。自然に取れて落ちていることもあるので注意する。

枝ぶりに広がりがある場合は、ヤドリギ全体の幅と器の底幅が近い花器を選ぶと安定した見た目になる。外の光が当たる場所に飾ると、実が透き通ってきれいに見える。

12月　第1週目

ラナンキュラス

[花金鳳花 │ *Ranunculus*]

種類や色が豊富で、毎年新しい品種がお目見えします。ファッションのように、年ごとにトレンドがあるのも特徴。球根花ならではの艶っぽさがあり、花びらが幾層にも重なっているため、満開時にはふんわりと優しく咲きます。12月は赤や緑、白の花が人気ですが、あえて黄色のラナンキュラスと補色の青いガラスの器を合わせて、コントラストを演出しました。

冬から春にかけて長い期間出回る。花びらに透明感があり、開き過ぎていないものを選ぶ。

とても扱いやすく手がかからない。ほかの花と同様に水換えと切り戻し（P.71）を欠かさず、花器を清潔に保つ。花の外側についているガクは枯れやすいので取り除く。

上を向いて咲いているものが多いので、花器はやや口の広さがあるものを選び、斜めに生けると花の様子がよく見える。

イトヒバ

[糸桧葉 | *Threadleaf false cypress*]

ヒノキ科の常緑針葉樹で、切り口からはヒノキ特有のいい香りがします。白や黄色の斑が入ったイトヒバは明るい印象で、葉先が細く枝垂れたフォルムが魅力的。クリスマスリースなどの飾りによく使用されるのは同じヒノキ科のヒムロスギですが、斑入りのイトヒバを混ぜるとトーンアップして明るい雰囲気に仕上がります。枝ものは重みがあり、口がやや狭い花器に生けると、枝が傾きすぎず安定して飾れます。

斑の入り方や樹形が一本ごとに異なるので好みのものを選ぶ。

切り口に十字の切り込みを入れ、樹皮を10cmほど削ると水を吸い上げやすい。枝が太くて切り込みを入れるのが難しい場合は、樹皮を削るのみでよい。

葉先が自然に垂れる方向に、枝を少し傾けて飾るとよい。ボリュームが多くて重たく感じる場合は、枝をカットして減らす。

ヒカゲノカズラ

[日陰鬘 | *Club moss*]

神事に使用されることが多いヒカゲノカズラは、『古事記』に登場するなど、日本で古くから親しまれてきた植物です。地面に這って生育し、長いものは3mほどになりますが、さり気なく吊るしても、置いても様になります。ドライになっても緑色がきれいなため、長寿の願いを込めて正月飾りにも用いられます。数十本を束にした正月飾りを目にし、その迫力と美しさに感動して以来、お正月用としてたくさんの方々におすすめしています。

飾る空間に合った長さ、ボリュームのものを選ぶ。緑が濃く、フレッシュなものがよい。

水は濁りにくいので、毎日水を換える必要はない。2〜3日に一回、水換えと切り戻し（P.71）をする。乾きやすいため、霧吹きをかけるとよい。

吊るす場合は、根元を折れない程度にしごいて、ゆるやかにしならせると美しい。花器に合わせて長さやボリューム、しなり具合を調整する。

12月は冬の枝ものを使ったアレ
ンジ。ヒムロスギやブルーアイス、
ユーカリなどを生けました。斑入
りのイトヒバを加えると明るい印
象になります。クリスマスのしつ
らいとして。

ナンテンの実とともにヒカゲノカズラを生けると、お正月にぴったり。松葉が描かれた鳥のエサ入れは蚤の市で見つけたものです。

飾る場所のポイント

せっかく美しく生けたのなら
よく目に入るところに飾りたいものです。
また、長持ちさせるコツは
人間にとっても心地よい環境に
置いてあげることかもしれません。

直射日光を避ける

直射日光が当たる窓辺などは、できれば避けましょう。花器の水温が上がって雑菌が繁殖しやすくなり、傷みの原因になります。

温度変化の
少ない場所を選ぶ

エアコンなどの風が当たる場所に置くと、切り花は乾燥してしまいます。早く枯れてしまうので避けましょう。

よく目に入る場所に飾る

誰の目にも触れないところよりも、みんなの目に入るところがベスト。ちょっとした傷みにもすぐに気がつくというメリットもあります。

水回りの近くもおすすめ

水を換えたり、茎を切ったり、こまめなお手入れが必要な一輪飾り。水回りの近くに飾っておくと、調理や水仕事のついでにお手入れできるのでおすすめです。

ドライフラワーにする

一輪飾りは、ドライフラワーも楽しめます。切り花の美しさとは違った趣きがあり、より長く楽しむことができます。楽しみ方のコツは、拙著『朽ちてなお美しい ドライボタニカル入門』(エクスナレッジ)で紹介しています。

第 2 章

美しく飾る、
12のデザイン
メソッド。

一輪飾りに慣れてきたら、
花が一番美しく見える方法を考えてみませんか？
まずは、その花をよく見ることから始めてみましょう。

花 を 上 手 に 生 け る 方 法

簡単そうな一輪飾りも、実は奥が深く、

「花の向きはどっちがいいの？」「長さはどのくらいに切る？」

など考えることはたくさんあります。

本章で紹介する12のデザインメソッドを頭に入れておけば、

今よりももっと美しく花が生けられるはずです。

花と花器とのバランス、花の傾け方、枝もののバランスの取り

方、葉の残し方など、すぐに応用できる一輪飾りのテクニック

から、応用として二輪、三輪、花束を生ける方法まで、写真と

ともに解説します。

花と器、基本の比率は 2：1

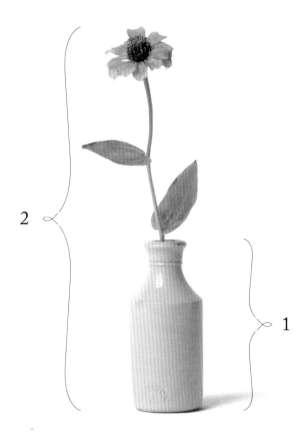

花を生けるとき、茎をどのくらいの長さに切ったらいいかわからないことがあります。花器の倍の長さに切って、花と器の長さの比率を 2：1 にしておけば間違いありません。茎を長く残しすぎると不安定に、茎が短すぎると器の存在感が強くなり、花の印象が薄まってしまいます。

Method 2

3：1で美しい茎を見せる

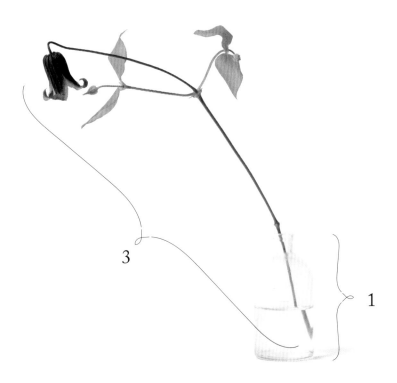

3

1

クレマチス（P.56）のように茎が華奢な花や、つる性植物のように しなやかな茎を持つ植物は、器の3倍の長さにすると、 茎の美しさが生かせます。また、バイモユリ（P.36）や、ホ タルブクロ（P.60）のように下を向いて咲く花を生ける際も、 同様に茎を長くすることで自然の姿に近くなり、花の美しさ が引き立ちます。

大きな花は傾けて奥ゆかしさを

奥ゆかしさが
かわいい

[垂直に生ける]　　　　　　　[傾けて生ける]

ダリアのような顔が大きい花は、写真左のように垂直に生け
ると堂々としすぎて圧迫感があります。右の写真のようにほ
んの少し傾けるだけで、首をかしげているように見え、奥ゆ
かしさを感じることができます。また、傾けることで空間に
広がりが生まれ、部屋になじみやすくなります。

Method 4

口の狭い器に仲よく生ける

喧嘩をしている
みたい…

［口の広い器に生ける］

［口の狭い器に生ける］

二輪を生けるとき、写真左のように花器の口が広いと互いに
そっぽを向いてしまいがちでバランスがよくありません。写真
右のように口の狭い器に生けるとおさまりがよく、美しく見え
ます。器の縁が支えになるので、向かせたい方向に調整する
のも簡単です。このとき、茎が器の口にぎゅうぎゅうに詰まっ
てしまうと植物が傷む原因になるので注意しましょう。

Method 5

花の直径＝器の底の直径

大体同じ！

花が
小さすぎる…

[花が器の底の直径より極端に小さい]　　　[花と器の底の直径が近い]

花の直径と器の底の直径とが同じくらいものを合わせると安
定感のある一輪飾りになります。写真右のアジサイは、底の
直径とほぼ同じサイズ。器もアジサイも美しく見えます。一
方、写真左のクラスペディアのように小さな花の魅力を引き
出したいなら、底の直径が小さい、小瓶のような器を合わせ
るとよいでしょう。

Method 6

枝の広がりは器の底の
直径の3〜4倍

3

夏に人気の枝もの。風通し
よく、涼し気に見せるには、
枝の広がりを器の底の幅の
3〜4倍程度にしておくとよ
いでしょう。枝ものは重さ
もあるので、広がりすぎて
いると器ごと転倒する恐れ
もあります。重しの役割を
兼ねて、大きな器にたっぷ
り水を入れて生けましょう。

1

Method 7

先がとがっている花は
角にしない

動物の
角みたい…？

[左右に分けて生ける]

[片側に寄せて生ける]

写真のベロニカやのように先が細くなっている花は、写真左
のように生けると、まるで動物の角のように見えてしまいま
す。二輪を生けるときは、左右どちらかに寄せることで見る
側の目線が定まり、自然な美しさになります。

Method 8

三輪は三角形を意識する

時計にしたら
11 時、3 時、7 時が
ベスト！

三輪を生けるときは、正面から見て、花の顔が三角形になる
ように配置します。三角形の頂点を結ぶと円が描かれること
から、空間に丸みが出て、部屋になじみやすくなります。茎
の長さをそろえて生けると、花同士が横並びに重なってしま
い、風通しもよくありません。

花に背比べをさせない

仲よく
収まっている

［高さをそろえて生ける］

［段差をつけて生ける］

複数の花を生けるときは、茎の長さはそろえず、写真右のように、花それぞれの顔をしっかり見せます。写真左は、まるで背比べをしているような見た目で窮屈です。買ってきたまま生けるのではなく、どうしたらきれいに見えるかを考え、茎を切って花の顔の向きを変えるなど、そのひと手間が大切です。

色のトーンを合わせる

調和色の
グリーンを加えると
まとまり感アップ

明度（暗い／明るい）と、彩度（薄い／濃い）が似ている色の集まりを「トーン」と言います。花束を買うとき、花の色合わせに悩む人が多いですが、色のトーンを合わせると失敗しません。写真の花束は、色が明るく、薄いもので構成しています。ここにビビッドな色や暗い色の花が入ると、そればかりが目立ってしまいます。

ヒマワリとは目をそらす

こっちを
見てる...？

[花の顔が正面を向いている]

[花の顔を正面からそらす]

「ヒマワリは怖い」という人は少なくありません。ぎょろりとした目に見られているような感覚があるのかもしれません。ヒマワリを飾るときには、花の顔の向きを正面ではなく、内側や外側に向けるとよいでしょう。圧迫感が抑えられ、ヒマワリの明るく活発な印象を楽しむことができます。

葉を取ってきれいに長持ち

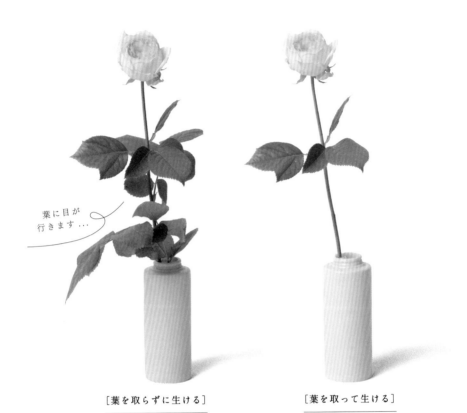

葉に目が
行きます…

［葉を取らずに生ける］　　　　　　　［葉を取って生ける］

必要のない葉を切り取ると花に目が留まるようになり、花ま
で栄養が行き渡ることできれいに長持ちさせることができま
す。水に浸かる部分は、腐敗の原因になるので必ず取ること。
下のほうの葉から順に取り、枯れた葉はこまめに除きましょ
う。とはいえ、最初からすべて取ってしまうと自然の姿から
遠ざかってしまいますので、ほどよく残してください。

第3章

そろえておきたい
5つの一輪挿し。

飾りたい花を見つけたら、
まずは家にある花器を思い浮かべましょう。
特別な花器がなくても大丈夫。
お皿やグラス、空き瓶でもいい。
お気に入りの花器が一つあると、
一輪飾りがもっと楽しくなります。

5 つ の 型 か ら 始 め よ う

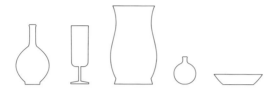

一輪飾りを始めるとき、まずは花器を用意しましょう。

花器の素材や色、形によって、生ける花の雰囲気は大きく変わります。

本書では、花器の形に着目し、5種類の型に分類しました。
はじめて花との暮らしを始める人でも、この5種類があれば、ほとんどの花を生けられるはずです。素材については、茎を見せたい花を生けるときはガラス、色や模様にこだわりたいときは陶器を、というように、好みで選んでよいでしょう。また、素材の選び方で季節感を演出することもできます。

花器は、花瓶でなければいけないということはありません。
家にある食器や空き瓶などでも代用できます。手ごろな花器は、花屋やインテリアショップで売っていることが多いですが、旅先で探したり、好きな作家の作品を集めるのも楽しいものです。

01

はじめての一輪飾りにおすすめ

ボトル型

口が狭く、10cm 以上の高さの花器です。口が狭いため、花
をまっすぐ生けられます。背が高いものは、茎が長く、花の
サイズが大ぶりで、下あるいは正面を向くヒマワリのような
花に合います。個性的なデザインのものでも、組み合わせに
よって、花の魅力が一層引き立ちます。

》　アネモネ［P.14］レースフラワー［P.28］ナズナ［P.42］ウコンザクラ［P.46］
　　アジサイ［P.62］ヒマワリ［P.64］ユリ［P.66］シキンカラマツ［P.76］キク［P.90］
　　シュウメイギク［P.92］フジバカマ［P.102］キビ［P.114］ラナンキュラス［P.120］

02

傾けて生けて、ニュアンスを演出

グラス型

口が広く、10cm以上の高さの花器です。口が広いため、花が左右どちらかに傾きます。バラやシャクヤクのように上を向いて咲く花が美しく見える形です。ミヤコワスレやセルリアなどなど1本に複数花がついている花（スプレー咲き）は胴に幅がある花器が合います。

>> スイートピー［P.18］ヒヤシンス［P.20］チューリップ［P.22］ムスカリ［P.24］クリスマスローズ［P.26］ビオラ［P.32］ミヤコワスレ［P.48］野の花［P.51］スズラン［P.52］シャクヤク［P.54］クレマチス［P.56］ホタルブクロ［P.60］枯れ色アジサイ［P.68］セルリア［P.74］エキナセア［P.78］カラー［P.80］ラン［P.84］クリ［P.96］バラ［P.100］秋の実もの［P.108］ヤドリギ［P.118］

03

枝ものを飾るのにぴったり

寸 胴 型

口が広く、大ぶりの花器は、枝ものにおすすめ。底の直径が25cmほどあると倒れる心配がありません。また、たっぷり水が入るため、水分をたくさん必要とする枝ものにぴったり。写真左のゴブレット型は、棚やスツールに置くとおしゃれです。

>> ミモザ［P.34］アリウム［P.44］サンキライ［P.82］シンフォリカルポス［P.112］
イトヒバ［P.122］冬の枝もの［P.126］

04

小さな花をかわいらしく生けたい

小 壺 型

手のひらサイズの小さな花器です。切り戻し（P.71）を繰り返して茎が短くなった花や、野草のような小さな花、途中で茎が折れてしまった花などを生けられます。1本に複数の花がついている花（スプレー咲き）を切り分けて飾る際にも便利です。

05

つる性の植物や、落ちた花が映える

プレート型

お皿などで代用できる、口が広く、薄型の花器です。つる性
の植物を寝かせて飾ることができます。茎が浮いてしまう場
合は石などで押さえると、自然の背景のような雰囲気も楽し
めます。落ちてしまったつぼみや茎から取れてしまった花を、
水を張ったプレート型の花器に浮かべるのもいいでしょう。

>> 野の花［P.50］ダリア［P.94］ノバラの実［P.106］冬の枝もの［P. 127］

北中植物商店

三鷹市の野川沿いにある庭と花の植物店。
季節の切り花の販売や花教室を行っている。
野川の景色を借景とした雑木の庭も楽しめる。

[営業時間]　土曜は 13:00 〜 17:00
　　　　　　金曜・日曜は完全予約制で 11:00 〜 17:00（不定休）
[住所]　　　東京都三鷹市大沢 6-10-2
[電話番号]　0422-57-8728
[HP]　　　　http://www.kitanakaplants.com/
[Instagram]　kitanaka_plants

おわりに

どんな花の紹介文よりも、今、この原稿に頭を悩ませています。
いろいろと考えを巡らせたのですが、私的な思いを綴らせていただく
ことをお許しください。

本書では、四季折々の花を紹介するため、一年をかけて撮影を行って
きました。そしてその途中、本書のデザインを手がけた大杉晋也さん
がこの世を去りました。私の友人でもあり、仕事仲間でもあり、兄の
ような存在でした。
このことに触れるべきか、文章を書くギリギリまで迷いました。でも、
なんというか、「彼が生きた証を残したいな」と、ふと気持ちが固まり
ました。

誰しもいずれ、家族や友人、大切な人を失うことを経験するでしょう。
私はそのような経験をするたびに、今あるものを大切にして、自分で
選択した生き方をしようと思うようになりました。

そんなとき、花は助けてくれるのです。
贅沢品ではなく助けてくれる存在。
たとえ一輪であってもかまわない。「きれいだな」と思える日々の積み
重ねが、暮らしを豊かなものにしてくれます。

飾りたいときに飾ればいい───そのときがあなたにとって花が必要な
ときなのだと思います。

右の写真は、すべての撮影終了後、本書の撮影・編集スタッフとのさ
さやかな宴の風景。
食卓には、大杉さんとの思い出の地、野川にも咲く、庭の椿を添えました。

北中植物商店　小野木彩香

料理協力：程塚裕子

【著者略歴】

小野木彩香　おのぎあやか

夫婦で営んでいる北中植物商店の「花部門」を担当。都内を中心としたウエディング・店舗装飾のほか、イベント出店、教室を行っている。草花を使ったスタイリング、独創的なアレンジメントに定評がある。

毎日、一輪。

はじめて花・葉・枝を生ける人のための手引帖。

2023年4月13日　初版第1刷発行

著　者　　小野木彩香

発行者　　澤井聖一

発行所　　株式会社エクスナレッジ
〒106-0032 東京都港区六本木 7-2-26
https://www.xknowledge.co.jp/

問合せ先　[編集] TEL 03-3403-5898 ／ FAX 03-3403-0582 ／ info@xknowledge.co.jp
[販売] TEL 03-3403-1321 ／ FAX 03-3403-1829